宋本說文解字編輯出版委員會

宋本說文解字

〔漢〕許慎撰

中華書局

據湖南圖書館藏
宋刻元修本影印

宋本說文解字

[漢]許慎撰

中華書局

據湖南圖書館藏
宋刻元修本影印

宋本説文解字影印弁言

説文解字是我國第一部分析字形、説解文義、辨識聲讀的字典，東漢許慎撰。慎字叔重，汝南召陵人，嘗從賈逵受古學，博問通人。漢和帝永元十二年（一〇〇）至漢安帝建光元年（一二一），許慎撰成説文解字。搜集「文」九千三百五十三，「重文」一千一百六十三，總計一萬又五百一十六字；且按字形分作五百四十部，「分别部居」，「據形系聯」，成爲有系統的部首編字法，是傳統小學著作中的經典之作。

説文解字成書以後，歷經傳寫刊佈，版本衆多。其中，尤以徐鍇編撰説文解字繫傳和徐鉉校定説文解字這兩個系統的傳本影響最大。徐鍇，字楚金，南唐保大（九四三—九五七）年間，鍇依説文原本，附以注釋，作説文解字繫傳四十卷，世稱「小徐本」。徐鉉，字鼎臣，宋太宗雍熙三年（九八六），鉉與葛湍、王惟恭、句中正等人奉詔校定説文解字，添入標目，附入反切，於各部下增入新附字，釐爲十五卷，世稱「大徐本」。

説文解字校成後，即由國子監雕版頒行。自此，説文解字由鈔本紛繁到歸於定本，並深遠地影響了集韻、類篇等宋代官修韻書字書。流傳至今的宋本説文解字，版框高約十八點一釐米，寬十二點八釐米，大字行十六至二十字左右，小字雙行，行二十至三十字不等，左右雙邊，白口，單黑魚尾，清人多以「小字本」稱

之。揆之刻工，考諸載籍，可知存世的諸宋本説文解字，祖出北宋監本，開雕於南宋初年，入元後版歸西湖書院。諸本皆經宋元遞修，且有早修印本和晚修印本之别。早修印本的修補版下限在元代大德年間，版心下方一般有刻工姓名。晚修印本的修補版下限在元代末年，與早修印本相較，計補刻六葉，並有校改文字、更改反切，剜去刻工等修版情況。

流傳至今，標目並十五卷齊全的宋本説文解字，僅有三帙，均流傳有緒，彌足珍貴。其中，日本静嘉堂文庫藏本曾收入續古逸叢書、四部叢刊，然影印時有描改；國家圖書館藏本先後收入中華再造善本、國學基本典籍叢刊，然該版多有模糊與墨丁處；而未曾影印的湖南圖書館所藏之本，實乃元代兩次修補版的晚修印本，刷印質量較好，入選第一批國家珍貴古籍名録。

該帙今裝六册，標目至卷二下、卷三上至五上、卷五下至七下、卷八上至十下、卷十一上至十三上、卷十三下至十五下各一册。然據葉啓勳跋，「標目及卷五上、卷八下、卷九上、卷十二下、卷十三上、卷十五末，均剜去標題，及二、三、四行，以墨筆填補」，是知「原書本作四册裝訂，每册首尾均鈐有元時官印，賈者懼禍，剜毁滅跡」。今書中標目、卷五上、九上、十三上的葉一首四行，及卷八下末葉後八行、十二下末葉後四行、十五下末葉後五行，原有版刻和鈐印，經人挖去並墊紙鈔補。從這一情形來看，此書原裝

四册，標目至卷四下、卷五上至八下、卷九上至十二下、卷十三上至十五下，各一册，後改裝爲六册。另外，書中缺十一葉，包括卷四下葉五至葉九，卷六上葉二至葉三，卷六下葉七，卷十上葉八，卷十一上葉六至葉七。上述挖去和缺葉部分，係依毛氏汲古閣剜改後印本鈔補。

該帙有葉啟勳、葉啟發、徐楨立跋，且鈐印累累。據「白堤錢聽默經眼」印，可知曾經乾嘉時期書商錢聽默收藏，錢氏將之借與段玉裁，段氏説文解字讀内所謂之「麻沙宋本」，蓋即此本是也，後又援入説文解字注中，引起關注。

明清以來，如藤花榭、平津館翻刻之説文解字，俱從宋刻元修之大徐本而出。今湖南圖書館所藏之本，由中華書局原大彩色影印，力求全面呈現該本的版本價值、文獻價值、學術價值與藝術價值。

湖南圖書館
中華書局
二〇二三年三月

許氏之學晦於元明顯於乾嘉以元明兩朝公私家刻書之盛而大徐解字小徐繫傳曾無一本之翻雕其明証也迨明崇禎間虞山毛晉始以毛家藏宋本說文解字翻雕於是大徐終亥始一之本得盛行於世其功固非淺鮮也毛本後有其子扆跋稱先君購得說文真本嫌其字小以大字開雕結構頗精知其出當時名手所寫者矣乾隆中金壇段懋堂大令玉裁据青浦王蘭泉少寇昶及吳縣周漪塘明經錫瓚兩家所藏宋本及汲古閣說文訂凡兩宋本同者則曰兩宋本同異者則分别之曰王氏宋本作某周本氏宋本作某周本不知所歸王本後為歸安陸存齋運使心源所得見皕宋樓藏書志其本後有阮氏手跋曰

嘉慶二年夏五月阮元用此校汲古閣本於揚州學署毛晉所刻即据此本凡有舛誤皆毛扆妄改云云頗疑文達之言失之過甚陸書後歸日本岩崎静嘉堂孤懸海外無從取証也十餘年前海鹽張菊生年伯元濟編印續古逸叢書先世父曾為之从静嘉借得影行其書小字絕精不知毛本何以為嫌亦可怪也乙亥夏月仲兄定侯从估人手購得此本取影本按之一一相合書中有毛扆之印四字斧季二字朱文對方印知即毛氏据刻之底本刋於北宋真宗時者也再取毛本畧勘多不相同因知毛氏刋刻此書不僅改易字體盡失宋本真面而且竄亂實多宜其見譏于段阮諸氏使非得此本一取證之方且稱其傳刻

之功辦香爇奉又豈意其竄改舊本貽誤後學直大徐之罪人也耶昔黃蕘圃嘗曰汲古閣刻書富矣每見所藏底本極精曾不一校反多肊改殊為憾事云云蕘翁佞宋故有是言余於毛氏校刻此書及獲觀其底本而益信東明

葉啟發記於宣和書譜廿卷人家

曩年傅沅叔學使年伯增湘南游衡嶽道出省垣觀余兄弟藏書以余得之道州何子貞太史紹基東洲草堂舊藏者為多因謂余曰道州尚藏有宋刊說文解字漢隸字原二書曷踪跡之漢隸字原余於庚午春間見過以索值千金無力購取交臂失之說文則未經入目未知其流傳何所矣後學使為仲兄定侯撰拾經樓紬書錄序亦曾言及也此本得之湘鄉估人手中係出湘潭劉姓所藏有湘潭劉氏蘭竹山房藏書之印朱文長方印又有子霞過眼朱文方印非道州藏物也卷十第七第九兩頁卷十一第三頁卷十五第七頁板心有重刊二字蓋南宋時所補刊者錢竹汀大昕日記抄載所見宋板說文二部一為王述庵家藏一為黃蕘圃出示云黃本卷末多一行有十一月江浙等處儒學字殆元翻宋本云云檢求蕘圃求古居宋本書目載說文十五卷殘本抄補七冊又檢明梅鷟南雍經籍考說文解字十五卷脫者五十五面存者二百十四面內半模糊云蓋蕘圃所藏為宋板入明南監後所印且不完全也桂未

谷馥說文解字義證卷五十附說云安丘宋君葆淳得小字本說文解字有毛晉印季振宜印是元明間坊本云又卷三十四水部涃水也從水困聲苦頓切云困聲也初印本作因音於真切宋本小字本李燾本並同集韻涃伊真切說文水名云云檢此本卷第十一水部涃水也从水因聲於真切與桂氏所云正同唯此無季氏印記耳然可知毛藏此書一為宋槧元明補刻一為此宋槧宋本印原有二部也宋板遞經補修字句亦因而互有同異藏書家因字句之不同往往誤以為兩刻故桂氏亦沿誤將宋本小字本歧而為二不知實一板刻也余因學使之言恐後人誤以余藏為出於道州舊有者特再詳考而志之以待後之搜訪者不致昧其授受源流焉丙子初春東明再筆

辛巳八月避亂耒陽此書之入吾家又再經兵燹矣古人寶愛得以流傳於余手余又安可不特加珍護耶　定侯

㡀毗祭切 黹陟几切

說文解字弟八

人如鄰切 匕呼跨切 匕卑履切 从疾容切 比毗至切 北博墨切
丘去鳩切 㐺魚音切 𡈼他鼎切 重柱用切 臥吾貨切 身失人切
㐆於機切 衣於稀切 裘巨鳩切 老盧皓切 毛莫袍切 毳充芮切
尸式脂切 尺昌石切 尾無斐切 履良止切 舟職流切 方府良切
儿如鄰切 兄許榮切 兂側岑切 皃莫教切 兜公戶切 先穌前切
禿他谷切 見古甸切 覞弋笑切 欠去劍切 㱃於錦切 㳄叙連切
旡居未切

說文解字弟九

頁胡結切 百書九切 面彌箭切 丏彌兗切 首書九切 𥄉古堯切
須相俞切 彡所銜切 彣無分切 文無分切 髟必凋切 后胡口切
司息茲切 卮章移切 卪子結切 印於刃切 色所力切 卯去京切
辟必益切 勹布交切 包布交切 茍己力切 鬼居偉切 甶敷勿切
厶息夷切 嵬五灰切 山所閒切 屾所臻切 屵五葛切 广魚儉切
厂呼旱切 丸胡官切 危魚爲切 石常隻切 長直良切 勿文弗切
冄而琰切 而如之切 豕式視切 㣇羊至切 彑居例切 豚徒魂切
豸池爾切 𤉡徐姊切 易羊益切 象徐兩切

說文解字弟十

馬莫下切 廌宅買切 鹿盧谷切 麤倉胡切 㲋丑略切 兔湯故切

萈胡官切　犬苦泫切　㹜語斤切　鼠書呂切　能奴登切　熊羽弓切
火呼果切　炎于廉切　黑呼北切　囪楚江切　焱以冉切　炙之石切
赤昌石切　大徒蓋切　亦羊益切　夨阻力切　夭於兆切　交古爻切
尣烏光切　壺戶吴切　壹於悉切　幸尼輒切　奢式車切　亢古郎切
夲土刀切　夰古老切　亣他達切　夫甫無切　立力入切　竝蒲迥切
囟息進切　思息兹切　心息林切　惢才累切

說文解字弟十一

水式軌切　沝之壘切　瀕符真切　〈姑泫切　巜古外切　川昌緣切
泉疾緣切　灥詳遵切　永于憬切　𠂢匹卦切　谷古祿切　仌筆陵切
雨王矩切　雲王分切　魚語居切　𩺰語居切　燕於甸切　龍力鍾切
飛甫微切　非甫微切　卂息晉切

說文解字弟十二

乚烏轄切　不方久切　至脂利切　西先稽切　鹵郎古切　鹽余廉切
戶侯古切　門莫奔切　耳而止切　𦣝與之切　手書九切　𠦬古懷切
女尼呂切　毋武扶切　民彌鄰切　丿房密切　𠂆余制切　乀弋支切
氏承旨切　氐丁礼切　戈古禾切　戉王伐切　我五可切　亅衢月切
珡巨今切　乚於謹切　亡武方切　匸胡礼切　匚府良切　曲丘玉切
甾側詞切　瓦五寡切　弓居戎切　弜其兩切　弦胡田切　系胡計切

說文解字弟十三

糸莫狄切　素桑故切　絲息兹切　率所律切　虫許偉切　䖵古魂切

[illegible]

蟲 直弓切　風 方戎切　它 託何切　龜 居追切　黽 莫杏切　卵 盧管切

二 而至切　土 它魯切　垚 吾聊切　堇 巨斤切　里 良止切　田 待季切

畕 居良切　黃 乎光切　男 那含切　力 林直切　劦 胡頰切

說文解字第十四

金 居音切　幵 古賢切　勺 之若切　几 居履切　且 千也切　斤 舉欣切

斗 當口切　矛 莫浮切　車 尺遮切　𠂤 都回切　𨸏 房九切　𨺅 房九切

厽 力軌切　四 息利切　宁 直呂切　叕 陟劣切　亞 衣駕切　五 疑古切

六 力竹切　七 親吉切　九 舉有切　禸 人九切　嘼 許救切　甲 古狎切

乙 於筆切　丙 兵永切　丁 當經切　戊 莫候切　己 居擬切　巴 伯加切

庚 古行切　辛 息鄰切　辡 方免切　壬 如林切　癸 居誄切　子 即里切

了 盧鳥切　孨 旨兗切　𠫓 他骨切　丑 敕九切　寅 弋真切　卯 莫飽切

辰 植鄰切　巳 詳里切　午 疑古切　未 無沸切　申 失人切　酉 與九切

酋 字秋切　戌 辛聿切　亥 胡改切

說文解字標目

說文解字弟一上　　漢太尉祭酒許　記

銀青光祿大夫守右散騎常侍上柱國東海縣開國子食邑五百戶臣徐鉉等奉

敕校定

十四部　六百七十二文　重八十一

凡萬六百三十九字

文三十一 新附

一　惟初太始道立於一造分天地化成萬物凡一之屬皆从一 於悉切

弌 古文一　元 始也从一从兀徐鍇曰元者善之長也故从一 愚袁切　天 顛也至高無上从一大 他前切　丕 大也从一不聲 敷悲切　吏 治人者也从一从史史亦聲徐鍇曰吏之治人心主於一故从一 力置切

文五　重一

丄　高也此古文上指事也凡上之屬皆从上 時掌切

上 篆文上　帝 諦也王天下之號也从上朿聲 都計切　𢂀 古文帝古文諸上字皆从一篆文皆从二二古文上字辛示辰龍童音章皆从古文上　旁 溥也从二闕方聲 步光切　𣃘 古文旁　𣃦 亦古文旁　𢇛 籀文　丅 底也指事 胡雅切　下 篆文丅

文四　重七

示　天垂象見吉凶所以示人也从二二古文上字三垂日月星也觀乎天文以察時變示神事也凡示之屬皆从示 神至切

𥘅 古文示　祜 上諱臣鉉等曰此漢安帝名也福也當从示古聲 候古切　禮 履也所以事神致福也从示从豊豊亦聲 靈啓切　𥘆 古文禮　禧 禮吉也从示喜聲 許其切　禛 以真受福也从示真聲 側鄰切　祿 福也从示彔聲 盧谷切　褫 福也从示虒聲 息移切　禎 祥也从示貞聲 陟盈切　祥 福也从示羊聲一云善 似羊切

說文解字弟一上

[illegible]

十四部　六百七十二文　重八十一

凡萬六百三十九字

文三十一新附

一　惟初太始道立於一造分天地化成萬物凡一之屬皆从一 [illegible]

[illegible]

元　[illegible]

天　[illegible]

丕　[illegible]

吏　[illegible]

文五　重一

丄　[illegible]

[illegible]

丅　[illegible]

文四　重七

示　天垂象見吉凶所以示人也从二三垂日月星也

觀乎天文以察時變示神事也凡示之屬皆从示

[illegible]

[illegible]

祉福也从示止聲敕里切 福祐也从示畐聲方六切 祐助也从示右聲于救切 祺吉也从示其聲渠之切 禥
籀文从基 祗敬也从示氐聲旨移切 禔安福也从示是聲易曰禔既平市支切 神天神引出萬物者也从示申食
鄰切 祇地祇提出萬物者也从示氏聲巨支切 祕神也从示必聲兵媚切 齋戒潔也从示齊省聲側皆切 齋籀文
齋从襲省襲音禱 禋潔祀也一曰精意以享爲禋从示垔聲於真切 禋籀文从宀 祭祭祀也从示以手持肉子例切 祀
祭無已也从示巳聲詳里切 禩祀或从異 祡燒柴焚燎以祭天神从示此聲虞書曰至于岱宗祡仕皆切 祡古文祡从隋省
禷以事類祭天神从示類聲力遂切 祪祔祪祖也从示危聲過委切 祔後死者合食於先祖从示付聲符遇切 祖始廟
也从示且聲則古切 ⿰示彭門内祭先祖所以彷徨从示彭聲詩曰祝祭于⿰示彭補盲切 祊⿰示彭或从方 祰告祭也从示从告聲苦
浩切 祏宗廟主也周禮有郊宗石室一曰大夫以石爲主从示从石石亦聲常隻切 𥙊以豚祠司命从示比聲漢律曰祠𥙊司命卑
履切 祠春祭曰祠品物少多文詞也从示司聲仲春之月祠不用犧牲用圭璧及皮幣似茲切 礿夏祭也从示勺聲以灼切 禘
諦祭也从示帝聲周禮曰五歲一禘特計切 祫大合祭先祖親疏遠近也从示合周禮曰三歲一祫侯夾切 祼灌祭也从示果

聲古玩切 𥜫數祭也从示毳聲讀若舂麥爲毳之毳臣鉉等曰春麥爲毳今無此語且非異文所未詳也此芮切 祝祭主贊詞者从
示从人口一曰从兌省易曰兌爲口爲巫之六切 䄜祝䄜也从示留聲力救切 祓除惡祭也从示犮聲敷勿切 祈求福
也从示斤聲渠稀切 禱告事求福也从示壽聲都浩切 禱禱或省 禱籀文禱 禜設緜蕝爲營以禳風雨雪
霜水旱癘疫於日月星辰山川也从示榮省聲一曰禜衞使灾不生禮記曰雩禜祭水旱爲命切 禳磔禳祀除癘殃也古者燧人禜
子所造从示襄聲汝羊切 禬會福祭也从示从會會亦聲周禮曰禬之祝號古外切 禪祭天也从示單聲時戰切 禦祀也
从示御聲魚舉切 䄆祀也从示昏聲古末切 禖祭也从示某聲莫桮切 ⿰示胥祭具也从示胥聲私呂切 祳社肉
盛以蜃故謂之祳天子所以親遺同姓从示辰聲春秋傳曰石尚來歸祳時忍切 祴宗廟奏祴樂从示戒聲古哀切 禡師行所止恐有
慢其神下而祀之曰禡从示馬聲周禮曰禡於所征之地莫駕切 禂禱牲馬祭也从示周聲詩曰既禡既禂都皓切 騆或从馬壽
省聲 社地主也从示土春秋傳曰共工之子句龍爲社神周禮二十五家爲社各樹其土所宜之木常者切 社古文社 禓
道上祭从示昜聲与章切 祲精氣感祥从示侵省聲春秋傳曰見赤黑之祲子林切 禍害也神不福也从示咼聲胡果切

[illegible]

祟 神禍也从示从出雖遂切 𥜃 籒文祟从𩙿省 祆 地反物爲祆也从示芺聲於喬切 祘 明視以筭之从二示逸周書曰士分民之祘均分以祘之也讀若筭蘇貫切 禁 吉凶之忌也从示林聲居蔭切 禫 除服祭也从示覃聲徒感切

文六十 重十三

禰 親廟也从示爾聲一本云古文䄅也泥米切 祧 遷廟也从示兆聲他彫切 祆 胡神也从示天聲火千切 祚 福也从示乍聲臣鉉等曰凡祭必受胙胙即福也此字後人所加徂故切

文四 新附

三 天地人之道也从三數凡三之屬皆从三穌甘切

弎 古文三从弋

文一 重一

王 天下所歸往也董仲舒曰古之造文者三畫而連其中謂之王三者天地人也而參通之者王也孔子曰一貫三爲王凡王之屬皆从王李陽冰曰中畫近上王者則天之義雨方切

𤣩 古文王

閏 餘分之月五歲再閏告朔之禮天子居宗廟閏月居門中从王在門中周禮曰閏月王居門中終月也如順切

皇 大也从自自始也始皇者三皇大君也自讀若鼻今俗以始生子爲鼻子胡光切

文三 重一

玉 石之美有五德潤澤以温仁之方也䚡理自外可以知中義之方也其聲舒揚專以遠聞智之方也不橈而折勇之方也銳廉而不技絜之方也象三玉之連丨其貫也凡玉之屬皆从玉陽冰曰三畫正均如貫玉也魚欲切

𢀜 古文玉

璙 玉也从玉尞聲洛蕭切 瓘 玉也从玉雚聲春秋傳曰瓘斚上玩切 璥 玉也从玉敬聲居領切 琠 玉也从玉典聲多殄切 瓇 玉也从玉夒聲讀若柔耳由切 ⿰王毄 玉也从玉毄聲讀若鬲郎擊切 璠 璵璠魯之寶玉从玉番聲孔子曰美哉璵璠遠而望之奐若也近而視之瑟若也一則理勝二則孚勝附袁切 璵 璵璠也从玉與聲以諸切

瑾 瑾瑜美玉也从玉堇聲居隱切 瑜 瑾瑜美玉也从玉俞聲羊朱切 玒 玉也从玉工聲戶工切 琜 玉也从玉來聲落哀切 瓊 赤玉也从玉夐聲渠營切 璚 瓊或从矞 瓗 瓊或从巂 琁 瓊或从旋省臣鉉等曰今與璿同
珦 玉也从玉向聲許亮切 瑓 玉也从玉剌聲盧達切 珣 醫無閭珣玗琪周書所謂夷玉也从玉旬聲一曰器讀若宣相倫切 璐 玉也从玉路聲洛故切 瓚 三玉二石也从玉贊聲禮天子用全純玉也上公用駹四玉一石侯用瓚伯用埒玉石半相埒也徂贊切
瑛 玉光也从玉英聲於京切 璑 三采玉也从玉無聲武扶切 珛 朽玉也从玉有聲讀若畜牧之畜許救切 璿 美玉也从玉睿聲春秋傳曰璿弁玉纓似沿切 琁 古文璿 叡 籀文璿 球 玉聲也从玉求聲巨鳩切 璆 球或从翏
琳 美玉也从玉林聲力尋切 璧 瑞玉圜也从玉辟聲比激切 瑗 大孔璧人君上除陛以相引从玉爰聲爾雅曰好倍肉謂之瑗肉倍好謂之璧王眷切 環 璧也肉好若一謂之環从玉瞏聲戶關切 璜 半璧也从玉黃聲戶光切
琮 瑞玉大八寸似車釭从玉宗聲藏宗切 琥 發兵瑞玉爲虎文从玉从虎虎亦聲春秋傳曰賜子家雙琥呼古切 瓏 禱旱玉龍文从玉从龍龍亦聲力鍾切 琬 圭有琬者从玉宛聲於阮切 璋 剡上爲圭半圭爲璋

从玉章聲禮六幣圭以馬璋以皮璧以帛琮以錦琥以繡璜以黼諸良切 琰 璧上起美色也从玉炎聲以冉切 玠 大圭也从玉介聲周書曰稱奉介圭古拜切 瑒 圭尺二寸有瓚以祠宗廟者也从玉昜聲丑亮切 瓛 桓圭公所執从玉獻聲胡官切
珽 大圭長三尺抒上終葵首从玉廷聲他鼎切 瑁 諸侯執圭朝天子天子執玉以冒之似犂冠周禮曰天子執瑁四寸从玉冒冒亦聲莫報切 𤣸 古文省 璬 玉佩从玉敫聲古了切 珩 佩上玉也所以節行止也从玉行聲戶庚切
玦 玉佩也从玉夬聲古穴切 瑞 以玉爲信也从玉耑耑諦也會意是僞切 珥 瑱也从玉耳耳亦聲仍吏切 瑱 以玉充耳也从玉眞聲詩曰玉之瑱兮臣鉉等曰今充耳字更从玉旁充非是他甸切 䪽 瑱或从耳
琫 佩刀下飾天子以玉諸侯以金从玉奉聲邊孔切 珌 佩刀下飾天子以玉从玉必聲卑吉切 璏 劍鼻玉也从玉彘聲直例切 瑵 車蓋玉瑵从玉蚤聲側絞切 瑑 圭璧上起兆瑑也从玉篆省聲周禮曰瑑圭璧直戀切 珇 琮玉之瑑从玉且聲則古切
璂 弁飾往往冒玉也从玉綦聲渠之切 琪 璂或从基 璪 玉飾如水藻之文从玉喿聲虞書曰璪火黺米子皓切 瑬 垂玉也冕飾从玉流聲力求切 璹 玉器也从玉𠷎聲讀若淑殊六切 瓃 玉器也从玉畾聲臣鉉等案靁字注象回轉之形畾不成字凡从畾

[illegible]

者並當从靁省魯回切瑳玉色鮮白从玉差聲七何切玼玉色鮮也从玉此聲詩曰新臺有玼千礼切璱玉英華相帶如瑟弦从玉瑟聲詩曰瑟彼玉瓚所櫛切瑮玉英華羅列秩秩从玉㮚聲逸論語曰玉粲之璱兮其瑮猛也力質切瑩玉色从玉熒省聲一曰石之次玉者逸論語曰如玉之瑩烏定切璊玉䞓色也从玉㒼聲禾之赤苗謂之虋言璊玉色如之莫奔切玧璊或从允瑕玉小赤也从玉叚聲乎加切琢治玉也从玉豖聲竹角切琱治玉也一曰石似玉从玉周聲都寮切理治玉也从玉里聲良止切珍寶也从玉㐱聲陟鄰切玩弄也从玉元聲五換切貦玩或从貝玲玉聲从玉令聲郎丁切瑲玉聲也从玉倉聲詩曰鞗革有瑲七羊切玎玉聲也从玉丁聲齊太公子伋謚曰玎公當經切琤玉聲也从玉爭聲楚耕切瑣玉聲也从玉貨聲蘇果切瑝玉聲也从玉皇聲乎光切瑀石之似玉者从玉禹聲王矩切玤石之次玉者以爲系璧从玉丰聲讀若詩曰瓜瓞菶菶一曰若盒蚌補蠓切玪玪⿱勒玉石之次玉者从玉今聲古函切⿱勒玉玪⿱勒玉也从玉勒聲盧則切琚瓊琚从玉居聲詩曰報之以瓊琚九魚切璓石之次玉者从玉莠聲詩曰充耳璓瑩息救切玖石之次玉黑色者从玉久聲詩曰貽我佩玖讀若芑或曰若人句脊之句舉友切𤤲石之似玉者从玉𦣞聲讀若貽與之切珢石之似玉者从玉艮聲語巾切玴石之似玉者从玉曳聲余制切璅石之似玉者从玉巢聲子浩切璡石之似玉者从玉進聲讀若津將鄰切⿰王朁石之似玉者从玉朁聲側岑切璁石之似玉者从玉悤聲讀若蔥倉紅切⿰王號石之似玉者从玉號聲讀若鎬乎到切⿰王⿱虍牽石之似玉者从玉⿱虍牽聲讀若曷胡捌切⿱臤王石之似玉者从玉臤聲烏貫切⿰王燮石之次玉者从玉燮聲穌叶切玽石之次玉者从玉句聲讀若苟古厚切琂石之似玉者从玉言聲語軒切璶石之似玉者从玉盡聲徐刃切琟石之似玉者从玉隹聲讀若維以追切瑦石之似玉者从玉烏聲安古切瑂石之似玉者从玉眉聲讀若眉武悲切璒石之似玉者从玉登聲都騰切⿰王厶石之似玉者从玉厶聲讀與私同息夷切玗石之似玉者从玉于聲羽俱切⿰王𠬛石之似玉者从玉𠬛聲讀若沒莫悖切瑎黑石似玉者从玉皆聲讀若諧戶皆切碧石之青美者从玉石白聲兵尺切琨石之美者从玉昆聲虞書曰楊州貢瑤琨古渾切瑻琨或从貫珉石之美者从玉民聲武巾切瑤玉之美者从玉䍃聲詩曰報之以瓊瑤余招切珠蚌之陰精从玉朱聲春秋國語曰珠以禦火災是也章俱切玓玓瓅明珠色从玉勺聲都歷切瓅玓瓅从玉樂聲郎擊切玭珠也从玉比聲宋弘云淮水中出玭珠玭珠之有聲步因切蠙

夏書玭从虫賓

珕 蜃屬从玉劦聲禮佩刀士珕琫而珧珌臣鉉等曰劦亦音麗故以爲聲郎計切

珧 蜃甲也所以飾物也从玉兆聲禮云佩刀天子玉琫而珧珌余昭切

玟 火齊玫瑰也一曰石之美者从玉文聲莫桮切

瑰 玫瑰从玉鬼聲一曰圜好公回切

璣 珠不圜也从玉幾聲居衣切

琅 琅玕似珠者从玉良聲魯當切

玕 琅玕也从玉干聲禹貢雝州球琳琅玕古寒切

𤤚 古文玕

珊 珊瑚色赤生於海或生於山从玉刪省聲穌干切

瑚 珊瑚也从玉胡聲戶吳切

珋 石之有光璧珋也出西胡中从王丣聲力求切

琀 送死口中玉也从玉从含含亦聲胡紺切

𤪌 遺玉也从玉歔聲以周切

璗 金之美者與玉同色从玉湯聲禮佩刀諸侯璗琫而璆珌徒朗切

靈 靈巫以玉事神从玉霝聲郎丁切

𤫊 靈或从巫

文一百二十六 重十七

珈 婦人首飾从玉加聲詩曰副笄六珈古牙切

璩 環屬从玉豦聲見山海經彊魚切

琖 玉爵也夏曰琖殷曰斝周曰爵从玉戔聲或从皿阻限切

琛 寶也从玉深省聲丑林切

璫 華飾也从玉當聲都郎切

琲 珠五百枚也从玉非聲普乃切

珂 玉也从玉可聲苦何切

玘 玉也从玉己聲去里切

珝 玉也从玉羽聲況王切

璀 璀璨玉光也从玉崔聲七罪切

璨 玉光也从玉粲聲倉案切

琡 玉也从玉叔聲昌六切

瑄 璧六寸也从玉宣聲須緣切

珙 玉也从玉共聲拘竦切

文十四 新附

玨 二玉相合爲一玨凡玨之屬皆从玨古岳切

瑴 玨或从㱿

班 分瑞玉从玨从刀布還切

𤦩 車笭間皮篋古者使奉玉以藏之从車玨讀與服同房六切

文三 重一

气 雲气也象形凡气之屬皆从气去既切

氛 祥气也从气分聲符分切

雰 氛或从雨

文二 重一

士 事也數始於一終於十从一从十孔子曰推十合一爲士凡士之屬皆从士鉏里切

壻 夫也从士胥聲詩曰女也不爽士貳其行士者夫也讀與細同穌計切

婿 壻或从女

壯 大也从士爿聲

例亮切

墫 舞也从士尊聲詩曰墫墫舞我慈損切

文四　重一

丨 上下通也引而上行讀若囟引而下行讀若退凡丨之屬皆从丨古本切

中 而也从口丨上下通陟弓切 𠁧 古文中 𠁩 籀文中 㫃 旌旗杠皃从丨从㫃㫃亦聲丑善切

文三　重二

說文解字第一上

說文解字弟一下　漢太尉祭酒許氏記

銀青光祿大夫守右散騎常侍上柱國東海縣開國子食邑五百戶臣徐鉉等奉

敕校定

屮 艸木初生也。象丨出形，有枝莖也。古文或以爲艸字。讀若徹。凡屮之屬皆从屮。尹彤說。臣鉉等曰：丨上下通也，象艸木萌芽，通徹地上也。丑列切

屯 難也。象艸木之初生，屯然而難。从屮貫一。一，地也。尾曲。易曰：屯，剛柔始交而難生。陟倫切

每 艸盛上出也。从屮母聲。臣鉉等案：左傳原田每每，今別作莓，非是。武罪切

毒 厚也。害人之艸，往往而生。从屮从毒。徒沃切

⿰菖刀 古文毒，从刀菖。

⿱屮分 艸初生其香分布。从屮从分，分亦聲。撫文切

芬 芬或从艸。

𡴞 菌𡴞，地蕈，叢生田中。从屮六聲。力竹切

⿱𡴞⿰𡴞𡴞 籀文𡴞，从三𡴞。

熏 火煙上出也。从屮从黑。屮黑，熏黑也。許云切

文七　重三

艸 百芔也。从二屮。凡艸之屬皆从艸。倉老切

莊 上諱。臣鉉等曰：此漢明帝名也。从艸从壯，未詳。側羊切

⿰爿⿱艹古 古文莊。

蓏 在木曰果，在地曰蓏。从艸从㼌。郎果切

芝 神艸也。从艸从之。止而切

萐 萐莆，瑞艸也。堯時生於庖廚，扇暑而涼。从艸疌聲。士洽切

莆 萐莆也。从艸甫聲。方矩切

虋 赤苗，嘉穀也。从艸釁聲。莫奔切

荅 小尗也。从艸合聲。都合切

萁 豆莖也。从艸其聲。渠之切

藿 尗之少也。从艸靃聲。虛郭切

莥 鹿藿之實名也。从艸狃聲。敕久切

蓈 禾粟之穗，生而不成者，謂之董蓈。从艸郎聲。魯當切

稂 蓈或从禾。

莠 禾粟下生莠。从艸秀聲。讀若酉。与久切

萉 枲實也。从艸肥聲。房未切

䕠 萉或从麻賁。

芓 麻母也。从艸子聲。一曰芓即枲也。疾吏切

蘔 芓也。从艸異聲。羊吏切

蘇 桂荏也。从艸穌聲。素孤切

荏 桂荏，蘇。从艸任聲。如甚切

⿱艹矢 菜也。从艸矢聲。失匕切

⿱艹豈 菜之美者。雲夢之⿱艹豈。从艸豈聲。驅喜切

葵 菜也。从艸癸聲。彊惟切

薑 禦溼之菜也。从艸彊聲。居良切

蓼 辛菜，薔虞也。从艸翏聲。盧鳥切

蒩 菜也。从艸祖聲。則古切

⿱艹豦 菜也。似蘇者。从艸豦聲。彊魚切

薇 菜也。似藿。从艸微聲。無非切

蓶

[illegible]

十四部 六百七十二文 重八十一 凡萬三百四十一字

[illegible]

說文解字弟一

[illegible]太尉祭酒許慎記

籀文[illegible]省 蓶 菜也从艸唯聲以水切 菦 菜類蒿从艸近聲周禮有菦菹巨巾切 䕩 菜也从艸釀聲
女亮切 莧 莧菜也从艸見聲侯澗切 芋 大葉實根駭人故謂之芋也从艸亏聲徐鍇曰芋猶言吁吁驚辭故曰駭
人王遇切 莒 齊謂芋爲莒从艸呂聲居許切 蘧 蘧麥也从艸遽聲彊魚切 菊 大菊蘧麥从艸匊聲居六切
葷 臭菜也从艸軍聲許云切 蘘 蘘荷也一名菖蒩从艸襄聲汝羊切 菁 韭華也从艸青聲子盈切
蘆 蘆菔也一曰薺根从艸盧聲落乎切 菔 蘆菔似蕪菁實如小尗者从艸服聲蒲北切 苹 蓱也
無根浮水而生者从艸平聲符兵切 茞 艸也从艸臣聲稹鄰切 薲 大苹也从艸賓聲符真切 藍 染青艸也
从艸監聲魯甘切 蘐 令人忘憂艸也从艸憲聲詩曰安得蘐艸況袁切 蕿 或从煖 萱 或从宣
营 营藭香艸也从艸宮聲去弓切 芎 司馬相如說营或从弓 藭 营藭也从艸窮聲渠弓切 蘭
香艸也从艸闌聲落干切 葌 艸出吳林山从艸姦聲古顏切 葰 薑屬可以香口从艸俊聲息遺切 芄 芄蘭
莞也从艸丸聲詩曰芄蘭之枝胡官切 虈 楚謂之離晉謂之虈齊謂之茝从艸囂聲許嬌切 蘺 江蘺蘼蕪从艸

說一下 二

離聲呂之切 茝 虈也从艸𦣞聲昌改切 蘪 蘪蕪也从艸麋聲靡爲切 薰 香艸也从艸熏聲許云切 ⿱艹⿰氵毒
水萹茿从艸从水毒聲讀若督徒沃切 萹 萹茿也从艸扁聲方沔切 茿 萹茿也从艸筑省聲陟玉切 藒
芞輿也从艸楬聲去謁切 芞 芞輿也从艸气聲去訖切 苺 馬苺也从艸母聲武辠切 茖 艸也从艸各聲古額切
苷 甘艸也从艸从甘古三切 芧 艸也从艸予聲可以爲繩直呂切 𦺇 艸也从艸盡聲徐刃切
蒁 艸也从艸述聲食聿切 荵 荵冬艸从艸忍聲而軫切 萇 萇楚跳弋一名羊桃从艸長聲直良切
切 薊 芙也从艸魝聲古詣切 ⿱艹里 艸也从艸里聲讀若釐里之切 藋 釐艸也一曰拜商藋从艸翟聲徒
弔切 芨 菫艸也从艸及聲讀若急居立切 葥 山莓也从艸前聲子賤切 蓩 毒艸也从艸務聲莫候切 ⿱艹務
卷耳也从艸務聲亡考切 蓡 人薓藥艸出上黨从艸濅聲山林切 ⿱艹攣 鳧葵也从艸攣聲洛官切 ⿱艹戾 艸也可以染留
黃从艸戾聲郎計切 ⿱艹收 蚍蝣也从艸收聲渠遥切 ⿱艹毗 蒿也从艸毗聲房脂切 ⿱艹禹 艸也从艸禹聲王矩切
荑 艸也从艸夷聲杜兮切 薛 艸也从艸辥聲私列切 苦 大苦苓也从艸古聲康杜切 菩 艸也

从艸音聲步乃切蓄薏苢从艸蓄聲一曰蓄英於力切茅菅也从艸矛聲莫交切菅茅也从艸官聲古顏
切蘄艸也从艸斳聲江夏有蘄春亭臣鉉等案說文無斳字他字書亦無此篇下有菥字注云江夏平春亭名疑相承
誤重出一字渠支切莞艸也可以作席从艸完聲胡官切藺莞屬从艸閵聲良刃切蒢黃蒢職也
从艸除聲直魚切蒲水艸也可以作席从艸浦聲薄胡切蒻蒲子可以爲平席从艸弱聲而灼切⿱艸深
蒲蒻之類也从艸深聲式箴切蓷萑也从艸推聲詩曰中谷有蓷他回切萑艸多皃从艸隹聲職追切茥
缺盆也从艸圭聲苦圭切莙井藻也从艸君聲讀若威渠殞切⿱艸睆夫蘺也从艸睆聲胡官切蒚夫蘺上也
从艸鬲聲力的切苢芣苢一名馬舄其實如李令人宜子从艸㠯聲周書所說羊止切蕁芜藩也从艸尋
聲徒含切⿱艸⿰爻尋蕁或从爻⿱艸㱿艸也从艸㱿聲古歷切蓲艸也从艸區聲去鳩切⿱艸固艸也从艸固聲古慕
切⿱艸鯀艸也从艸鯀聲古案切藷藷蔗也从艸諸聲章魚切蔗藷蔗也从艸庶聲之夜切⿱艸鼓[illegible][illegible]
可以作縻綆从艸敳聲女庚切⿱艸賜艸也从艸賜聲斯義切⿱艸中艸也从艸中聲陟宮切萯王萯也从艸負

聲房九切芺艸也味苦江南食以下气从艸夭聲烏皓切⿱艸弦艸也从艸弦聲胡田切⿱艸圞艸也从艸圞聲圞籀
文囿于救切莩艸也从艸孚聲芳無切⿱艸寅兔苽也从艸寅聲翼真切荓馬帚也从艸并聲薄經切
蕕水邊艸也从艸猶聲以周切荌艸也从艸安聲烏旰切藄綦月爾也从艸綦聲渠之切莃
兔葵也从艸稀省聲香衣切⿱艸夢灌渝从艸夢聲讀若萌莫中切蕧盜庚也从艸復聲房六切苓卷耳也从
艸令聲郎丁切⿱艸贛艸也从艸贛聲一曰薏苢古送切又古禫切藑茅葍也一名蕣从艸敻聲渠營切⿱艸富
蓄也从艸富聲方布切葍蓄也从艸畐聲力六切蓨苗也从艸脩聲徒聊切又湯彫切苗蓨也从艸
由聲徒歷切又他六切薚艸枝枝相值葉葉相當从艸昜聲褚羊切薁蘡薁也从艸奧聲於六切葴
馬藍也从艸咸聲職深切⿱艸魯艸也可以束从艸魯聲郎古切蓾⿱艸魯或从鹵蒯艸也从艸㕟聲臣鉉等案說文
無㕟字當是𣪠字之省而聲不相近未詳苦怪切蔞艸也可以亨魚从艸婁聲力朱切藟艸也从艸畾聲詩曰
莫莫葛藟一曰秬鬯也力軌切蒬棘蒬也从艸宛聲於元切茈茈艸也从艸此聲將此切藐茈艸也从艸䫉

聲莫覺切　萴烏喙也从艸則聲阻力切　蒐茅蒐茹藘人血所生可以染絳从艸从鬼所鳩切　茜茅蒐
也从艸西聲倉見切　蕼赤蕼也从艸隸息利切　薜牡贊也从艸辟聲蒲計切　莣杜榮也从艸忘聲武方切
苞艸也南陽以爲麤履从艸包聲布交切　艾冰臺也从艸乂聲五蓋切　蔁艸也从艸章聲諸良切
芹楚葵也从艸斤聲巨巾切　薽豕首也从艸甄聲側鄰切　蔦寄生也从艸鳥聲詩曰蔦與女蘿都了切
樢蔦或从木　芸艸也似目宿从艸云聲淮南子說芸艸可以死復生王分切　⿱艸⿰祟殳艸也从艸⿰祟殳聲麤最切
葎艸也从艸律聲呂戌切　茦莿也从艸朿聲楚革切　葀葀蔞果蓏也从艸昏聲古活切　葑
須從也从艸封聲府容切　薺蒺棃也从艸齊聲詩曰牆有薺疾咨切又徂礼切　莿茦也从艸刺聲七賜切
董鼎董也从艸童聲杜林曰藕根多動切　蘻狗毒也从艸繫聲古詣切　⿱艸嫂艸也从艸嫂聲蘇老切　苄
地黃也从艸下聲禮記鈃毛牛藿羊苄豕薇是侯古切　薟白薟也从艸僉聲良冉切　蘞薟或从斂　⿱艸金
黃⿱艸金也从艸金聲具今切　芩艸也从艸今聲詩曰食野之芩巨今切　藨鹿藿也从艸麃聲讀若剽一曰蔽屬平表

四

切　虉綬也从艸鷊聲詩曰卭有旨虉是五狄切　蔆芰也从艸淩聲楚謂之芰秦謂之薢茩力膺切　⿱艸遴司馬相如
說蔆从遴　芰蔆也从艸支聲奇記切　茤杜林說芰从多　薢薢茩也从艸解聲胡買切　茩薢茩
也从艸后聲胡口切　芡雞頭也从艸欠聲巨險切　蘜日精也以秋華从艸𥷚省聲居六切　⿱艸𥸥蘜或省
蘥爵麥也从艸龠聲以勺切　藗牡茅也从艸遬聲遬籀文速桑谷切　⿱艸私茅秀也从艸私聲息夷切　蒹
雚之未秀者从艸兼聲古恬切　薍𦵔也从艸亂聲八月薍爲葦也五患切　𦵔雚之初生一曰薍一曰鵻从艸剡聲土敢
切　菼𦵔或从炎　薕蒹也从艸廉聲力鹽切　薠青薠似莎者从艸煩聲附袁切　茚昌蒲也从艸卬
聲益州云　五剛切　⿱艸邪茚⿱艸邪也从艸邪聲以遮切　芀葦華也从艸刀聲徒聊切　茢芀也从艸列聲良辥
切　菡菡藺也从艸函聲胡感切　藺菡藺芙蓉華未發爲菡藺已發爲芙蓉从艸閻聲徒感切　蓮芙蕖
之實也从艸連聲洛賢切　茄芙蕖莖从艸加聲古牙切　荷芙蕖葉从艸何聲胡哥切　蔤芙蕖本从艸密
聲美必切　蕅芙蕖根从艸水禺聲五厚切　蘢天蘥也从艸龍聲盧紅切　蓍蒿屬生十歲百莖易以爲數

天子蓍九尺諸侯七尺大夫五尺士三尺从艸耆聲式脂切 菣 香蒿也从艸臤聲去刃切 ⿱艹堅 菣或从堅 莪 蘿莪蒿屬从艸
我聲五何切 蘿 莪也从艸羅聲魯何切 菻 蒿屬从艸林聲力稔切 蔚 牡蒿也从艸尉聲於胃切 蕭 艾蒿也从
艸肅聲蘇彫切 萩 蕭也从艸秋聲七由切 芍 鳧茈也从艸勺聲胡了切 葥 王彗也从艸湔聲昨先切 蔿 艸也
从艸爲聲于鬼切 芵 艸也从艸冘聲直深切 蘜 治蘠也从艸鞠聲居六切 蘠 蘠靡虋冬也艸牆聲賤羊切 芪
芪母也从艸氏聲常之切 菀 茈菀出漢中房陵从艸宛聲於阮切 莔 貝母也从艸明省聲武庚切 ⿱艹朮 山薊也从艸朮聲直
律切 蓂 析蓂大薺也从艸冥聲莫歷切 菋 荎藸也从艸味聲无沸切 荎 荎藸艸也从艸至聲直尼切 藸
荎藸也从艸豬聲直魚切 葛 絺綌艸也从艸曷聲古達切 蔓 葛屬从艸曼聲無販切 ⿱艹皋 葛屬白華从艸
皋聲古勞切 莕 菨餘也从艸杏聲何梗切 荇 莕或从行同 菨 菨餘也从艸妾聲子葉切
⿱艹⿱罒軍 艸也从艸⿱罒軍聲古渾切 芫 魚毒也从艸元聲愚袁切 蘦 大苦也从艸霝聲郎丁切 蕛
蕛英也从艸稊聲大兮切 苵 蕛苵也从艸失聲徒結切 艼 艼熒朐也从艸丁聲天經切 蔣 苽蔣

也从艸將聲子良切又即兩切 苽 雕苽一名蔣从艸瓜聲古胡切 ⿱艹育 艸也从艸育聲余六切 藣
艸也从艸罷聲符羈切 ⿱艹難 艸也从艸難聲如延切 莨 艸也从艸良聲魯當切 葽 艸也从艸要
聲詩曰四月秀葽劉向說此味苦苦葽也於消切 薖 艸也从艸過聲苦禾切 菌 地蕈也从艸囷聲渠殞切 蕈 桑葽
从艸覃聲慈衽切 䓴 木耳也从艸耎聲一曰萮茈而兖切 葚 桑實也从艸甚聲常衽切 蒟 果也从艸竘聲俱羽切
芘 艸也一曰芘茮木从艸比聲房脂切 蕣 木堇朝華暮落者从艸䑞聲詩曰顏如蕣華舒閏切 萸 茱萸也从艸臾
聲羊朱切 茱 茱萸茮屬从艸朱聲市朱切 茮 茮菉从艸尗聲子寮切 𣙇 茮𣙇實裏如表者从艸求聲巨鳩
切 荊 楚木也从艸刑聲舉卿切 𦵼 古文荊 菭 水衣从艸治聲徒哀切 芽 萌芽也从艸牙聲五加切
萌 艸芽也从艸明聲武庚切 茁 艸初生出地皃从艸出聲詩曰彼茁者葭鄒滑切 莖 枝柱也从艸巠聲戶耕切
莛 莖也从艸廷聲特丁切 葉 艸木之葉也从艸枼聲与涉切 ⿱艹𠛱 艸之小者从艸𠛱聲𠛱古文銳字讀若芮居例切
芣 華盛从艸不聲一曰芣苢縛牟切 葩 華也从艸皅聲普巴切 芛 艸之皇榮也从艸尹聲羊捶切 蘳 黃華

茷 艸葉多从艸伐聲春秋傳曰晉羅茷符發切
菜 艸之可食者从艸采聲蒼代切
𦽏 艸多葉皃从艸而聲沛城父有楊𦽏亭如之切
⿱艸乏 艸浮水中皃从艸乏聲匹凡切
薄 林薄也一曰蠶薄从艸溥聲旁各切
苑 所以養禽獸也从艸夗聲於阮切
藪 大澤也从艸數聲九州之藪楊州具區荊州雲夢豫州甫田青州孟諸沇州大野雝州弦圃幽州奚養冀州楊紆并州昭餘祁是也蘇后切
菑 不耕田也从艸甾易曰不菑畬徐鍇曰當言从艸从巛从田田不耕則艸塞之故从巛巛音災若从甾則下有甾缶字相亂側詞切
甾 菑或省艸
䕻 艸盛皃从艸繇聲夏書曰厥艸惟䕻余招切
薙 除艸也明堂月令曰季夏燒薙从艸雉聲他計切
⿱艸耒 耕多艸从艸耒耒亦聲盧對切
⿱艸致 艸大也从艸致聲陟利切
蔪 艸相蔪苞也从艸斬聲書曰艸木蔪苞慈冉切
⿱艸槧 蔪或从槧
茀 道多艸不可行从艸弗聲分勿切
苾 馨香也从艸必聲毗必切
蔎 香艸也从艸設聲識列切
芳 香艸也从艸方聲敷方切
蕡 雜香艸从艸賁聲浮分切
藥 治病艸从艸樂聲以勺切
⿱艸麗 艸木相附麗土而生从艸麗聲易曰百穀艸木麗於地呂支切
蓆 廣多也从艸席聲祥易切
芟 刈艸也从艸从殳所銜切
荐 薦蓆也从艸存聲在甸切

藉 祭藉也一曰艸不編狼藉从艸耤聲慈夜切又秦昔切
蒩 茅藉也从艸租聲禮曰封諸侯以土蒩以白茅子余切
蕝 朝會束茅表位曰蕝从艸絕聲春秋國語曰致茅蕝表坐子說切
茨 以茅葦蓋屋从艸次聲疾茲切
葺 茨也从艸咠聲七入切
蓋 苫也从艸盍聲古太切
苫 蓋也从艸占聲失廉切
⿱艸渴 蓋也从艸渴聲於蓋切
⿱艸屈 刷也从艸屈聲區勿切
藩 屏也从艸潘聲甫煩切
菹 酢菜也从艸沮聲側魚切
⿱艸⿰沮皿 或从皿
⿱艸⿰沮缶 或从缶
⿰泜皿 菹或从皿皿器也
荃 芥脃也从艸全聲此緣切
⿱艸酤 韭鬱也从艸酤聲苦步切
藍 瓜菹也从艸監聲魯甘切
⿱艸泜 菹也从艸泜聲直宜切
⿱艸橑 乾梅之屬从艸橑聲周禮曰饋食之籩其實乾⿱艸橑後漢長沙王始煑艸爲⿱艸橑盧皓切
⿱艸潦 ⿱艸橑或从潦
藙 煎茱萸从艸顡聲漢律會稽獻藙一斗魚既切
⿱艸宰 羹菜也从艸宰聲阻史切
若 擇菜也从艸右右手也一曰杜若香艸而灼切
蓴 蒲叢也从艸專聲常倫切
茜 以艸補缺从艸西聲讀若陸或以爲綴一曰約空也直例切
⿱艸尊 叢艸也从艸尊聲慈損切
莜 艸田器从艸條省聲論語曰以杖荷莜今作蓧徒弔切
萆 雨衣一曰衰衣从艸卑聲一曰萆藨似烏韭扶歷切
⿱艸是 艸也从艸是聲是支切
苴 履中艸从艸且聲子余切
⿱艸麤 艸履也从艸麤聲倉胡切
蕢 艸器也从

[illegible]

艸貴聲求位切臾古文蕢象形論語曰有荷臾而過孔氏之門䔦覆也从艸侵省聲七朕切茵車重席从艸因聲於
真切鞇司馬相如說茵从革芻刈艸也象包束艸之形叉愚切茭乾芻从艸交聲一曰牛蘄艸古肴切荹亂艸从艸
步聲薄故切茹飤馬也从艸如聲人庶切莝斬芻从艸坐聲麤臥切萎食牛也从艸委聲於僞切
⿱艹敕以穀萎馬置莝中从艸敕聲楚革切⿱艹曲蠶薄也从艸曲聲丘玉切蔟行蠶蓐从艸族聲千木切苣束葦
燒从艸巨聲臣鉉等曰今俗別作炬非是其呂切蕘薪也从艸堯聲如昭切薪蕘也从艸新聲息鄰切蒸折麻
中幹也从艸烝聲煑仍切⿱艹丞蒸或省火蕉生枲也从艸焦聲即消切⿱艹胃糞也从艸胃省式視切薶瘞也从艸
貍聲莫皆切⿱艹侵喪藉也从艸侵聲失廉切折斷也从斤斷艸譚長說食列切𣂚籀文折从艸在仌中仌寒故折𢪄
篆文折从手芔艸之緫名也从艸屮許偉切艽遠荒也从艸九聲詩曰至于艽野巨鳩切蒜葷菜从艸祘聲蘇貫切

左文五十三　重二大篆从茻

芥菜也从艸介聲古拜切蔥菜也从艸悤聲倉紅切⿱艹雈艸也从艸雈聲詩曰食鬱及⿱艹雈余六切蕇亭歷
也从艸單聲多殄切苟艸也从艸句聲古厚切蕨鼈也从艸厥聲居月切莎鎬侯也从艸沙聲蘇禾切蓱
苹也从艸洴聲薄經切蓳艸也根如薺葉如細柳蒸食之甘从艸堇聲居隱切菲芴也从艸非聲芳尾切芴
菲也从艸勿聲文弗切⿱艹鶾艸也从艸鶾聲呼旰切⿱艹萑薍也从艸萑聲胡官切葦大葭也从艸韋聲于鬼切
葭葦之未秀者从艸叚聲古牙切萊蔓華也从艸來聲洛哀切荔艸也似蒲而小根可作㕞从艸劦聲郎計切
蒙王女也从艸冡聲莫紅切薻水艸也从艸从水巢聲詩曰于以采薻子皓切藻薻或从澡菉王芻也从
艸彔聲詩曰菉竹猗猗力玉切蓸艸也从艸曹聲昨牢切⿱艹𠧪艸也从艸𠧪聲以周切⿱艹沼艸也从艸沼聲昨焦切
⿱艹吾艸也从艸吾聲楚詞有⿱艹吾蕭艸吾乎切范艸也从艸氾聲房㚅切艿艸也从艸乃聲如乘切⿱艹血艸也从艸
血聲呼決切萄艸也从艸匋聲徒刀切芑白苗嘉穀从艸己聲驅里切藚水舄也从艸𧶠聲詩曰言
采其藚似足切苳艸也从艸冬聲都宗切薔薔虞蓼从艸嗇聲所力切苕艸也从艸召聲徒聊切
⿱艹楙艸也从艸楙聲莫厚切萺艸也从艸冒聲莫報切茆鳧葵也从艸丣聲詩曰言采其茆力久切荼

苦荼也从艸余聲同都切臣鉉等曰此即今之茶字 蘩白蒿也从艸緐聲附袁切 蒿菣也从艸高聲呼毛切 蓬蒿也
从艸逢聲薄紅切 𦼮籀文蓬省 藜艸也从艸黎聲郎奚切 蘬薺實也从艸歸聲驅歸切 葆艸盛
皃从艸保聲博褒切 蕃艸茂也从艸番聲甫煩切 茸艸茸茸皃从艸聦省聲而容切 葏艸皃从艸津聲子僊切
䕺艸叢生皃从艸叢聲徂紅切 草草斗櫟實也一曰象斗子从艸早聲自保切臣鉉等曰今俗以此爲艸木之艸別作皁字
爲黑色之皁案櫟實可以染帛爲黑色故曰草通用爲草棧字今俗書皁或从白从十或从白从七皆無意義無以下筆 菆麻蒸也从
艸取聲一曰蓐也側鳩切 蓄積也从艸畜聲丑六切 萅推也从艸从日艸春時生也屯聲昌純切 菿艸多
皃从艸狐聲江夏平春有䕷亭古狐切 菿艸木倒从艸到聲都盜切

文四百四十五　重三十一

芙芙蓉也从艸夫聲方無切 蓉芙蓉也从艸容聲余封切 薳艸也左氏傳楚大夫薳子馮从艸遠聲韋委切
荀艸也从艸旬聲臣鉉等案今人姓荀氏本郇侯之後宜用郇字相倫切 莋越嶲縣名見史記从艸作聲在各切

蓀香艸也从艸孫聲思渾切 蔬菜也从艸疏聲許直切 芊艸盛也从艸千聲倉先切 茗荼芽也从
艸名聲莫迥切 薌穀气也从艸鄉聲許良切 藏匿也臣鉉等案漢書通用臧字从艸後人所加昨郎切 蕆左氏
傳以蕆陳事杜預注云蕆敕也从艸未詳丑善切 蘸以物没水也此蓋俗語从艸未詳斬陷切

文十三　新附

蓐陳艸復生也从艸辱聲一曰蔟也凡蓐
之屬皆从蓐而蜀切
𧂇籀文蓐从茻 薅拔去田艸也从蓐好省聲呼毛切 𦵯籀文薅省 茠薅或从休
詩曰既茠荼蓼

文二　重三

茻衆艸也从四屮凡茻之屬皆从茻讀與
冈同模朗切

半之屬皆从半　博幔切
胖　半體肉也一曰廣肉从半从肉半亦聲　普半切　叛　半也从半反聲　薄半切
文三
牛　大牲也牛件也件事理也象角頭三封尾之
形凡牛之屬皆从牛　徐鍇曰件若言物一件二件也封高起也　語求切
牡　畜父也从牛土聲　莫厚切　犅　特牛也从牛岡聲　古郎切　特　朴特牛父也从牛寺聲　徒得切　牝　畜母也从牛匕
聲易曰畜牝牛吉　毗忍切　犢　牛子也从牛瀆省聲　徒谷切　𤘽　二歲牛从牛市聲　博蓋切　犙　三歲牛从牛參聲　穌含切
牭　四歲牛从牛从四四亦聲　息利切　𤙡　籀文牭从貳　犗　騬牛也从牛害聲　古拜切　牻　白黑雜毛牛从牛尨聲　莫江
切　㹀　牻牛也从牛京聲春秋傳曰牻㹀　呂張切　犡　牛白脊也从牛厲聲　洛帶切　⿰牛余　黃牛虎文从牛余聲讀若塗　同
都　犖　駁牛也从牛勞省聲　呂角切　⿰牛寽　牛白脊也从牛寽聲　力輟切　⿰牛平　牛駁如星从牛平聲　普耕切　犥　牛黃
白色从牛麃聲　補嬌切　犉　黃牛黑脣也从牛𦎫聲詩曰九十其犉　如均切　⿰牛隺　白牛也从牛隺聲　五角切　⿰牛畺　牛長脊也从牛
畺聲　居良切　⿰牛攴　牛徐行也从牛攴聲讀若滔　土刀切　犨　牛息聲从牛雔聲一曰牛名　赤周切　牟　牛鳴也从牛象其聲
气从口出　莫浮切　⿰牛產　畜牲也从牛產聲　所簡切　牲　牛完全从牛生聲　所庚切　牷　牛純色从牛全聲　疾緣切　牽
引前也从牛象引牛之縻也玄聲　苦堅切　牿　牛馬牢也从牛告聲周書曰今惟牿牛馬　古屋切　牢　閑養牛馬圈也
从牛冬省取其四周帀也　魯刀切　犓　以芻莖養牛也从牛芻芻亦聲春秋國語曰犓豢幾何　測愚切　犪　牛柔謹也从牛夒聲
而沼切　犕　易曰犕牛乘馬从牛𤰈聲　平祕切　犂　耕也从牛黎聲　郎奚切　⿰牛非　兩壁耕也从牛非聲一曰覆耕種也讀若
匪　非尾切　⿰牛𠷎　牛羊無子也从牛𠷎聲讀若糗糧之糗　徒刀切　牴　觸也从牛氐聲　都禮切　⿰牛衛　牛踶𧗾也从牛
衛聲　于歲切
⿱臤牛　牛很不从引也从牛从臤臤亦聲一曰大皃讀若賢　喫善切　牼　牛厀下骨也从牛巠聲春秋傳曰宋司馬牼字牛　口莖切　⿰牛今
牛舌病也从牛今聲　巨禁切　犀　南徼外牛一角在鼻一角在頂似豕从牛尾聲　先稽切　牣　牣滿也从牛刃聲詩曰於牣魚
躍　而震切　物　萬物也牛爲大物天地之數起於牽牛故从牛勿聲　文弗切　犧　宗廟之牲也从牛羲聲賈侍中說此非古字　許
羈切
文四十五　重一

[illegible]

[illegible] 文二

[illegible]

[illegible] 从干入一[illegible]

文三 重一

[illegible]

[illegible] 文二

口未聲無沸切
嚛 食辛嚛也从口樂聲火沃切
⿰口竅 口滿食从口竅聲丁滑切
噫 飽食息也从口意聲於介切
嘽 喘息也一曰喜也从口單聲詩曰嘽嘽駱馬他干切
唾 口液也从口𠂹聲湯臥切
涶 唾或从水
咦 南陽謂大呼曰咦从口夷聲以之切
呬 東夷謂息爲呬从口四聲詩曰大夷呬矣虛器切
喘 疾息也从口耑聲昌沇切
呼 外息也从口乎聲荒烏切
吸 內息也从口及聲許及切
嘘 吹也从口虛聲朽居切
吹 嘘也从口从欠昌垂切
喟 大息也从口胃聲丘貴切
嘳 喟或从貴
啍 口气也从口臺聲詩曰大車啍啍他昆切
嚏 悟解气也从口疐聲詩曰願言則嚏都計切
⿰口質 野人言之从口質聲之日切
唫 口急也从口金聲巨錦切又牛音切
噤 口閉也从口禁聲巨禁切
名 自命也从口从夕夕者冥也冥不相見故以口自名武并切
吾 我自稱也从口五聲五乎切
哲 知也从口折聲陟列切
悊 哲或从心
嚞 古文哲从三吉
君 尊也从尹發號故从口舉云切
𠁁 古文象君坐形
命 使也从口从令眉病切
咨 謀事曰咨从口次聲即夷切
召 評也从口刀聲直少切
問 訊也从口門聲亡運切
唯 諾也从口隹聲以水切
唱 導也从口昌聲尺亮切
和 相譍也从口禾聲戶戈切
咥 大笑也从口至聲詩曰咥其笑矣許既切又直結切
啞 笑也从口亞聲易曰笑言啞啞於革切
噱 大笑也从口豦聲其虐切

唏 笑也从口稀省聲一曰哀痛不泣曰唏虛豈切
听 笑皃从口斤聲宜引切
呭 多言也从口世聲詩曰無然呭呭余制切
嘄 聲嘄嘄也从口梟聲古堯切
咄 相謂也从口出聲當沒切
唉 譍也从口矣聲讀若埃烏開切
哉 言之閒也从口𢦏聲將來切
噂 聚語也从口尊聲詩曰噂沓背憎子損切
咠 聶語也从口从耳詩曰咠咠幡幡七入切
呷 吸呷也从口甲聲呼甲切
嘒 小聲也从口彗聲詩曰嘒彼小星呼惠切
嚖 或从慧
嘫 語聲也从口然聲如延切
唪 大笑也从口奉聲讀若詩曰瓜瓞菶菶邊孔切
嗔 盛气也从口眞聲詩曰振旅嗔嗔待年切
嘌 疾也从口票聲詩曰匪車嘌兮撫招切
嘑 唬也从口虖聲荒烏切
喅 音聲喅喅然从口昱聲余六切
嘯 吹聲也从口肅聲穌弔切
歗 籀文嘯从欠
台 說也从口㠯聲與之切
嗂 喜也从口䍃聲余招切
啓 開也从戶从口康禮切
嗿 聲也从口貪聲詩曰有嗿其饁他感切
咸 皆也悉也从口从戌戌悉也胡監切
呈 平也从口壬聲直貞切
右 助也从口从又徐鍇曰言不足以左復手助之于救切
啻 語時不啻也从口帝聲一曰啻諟也讀若鞮施智切
吉 善也从士口居質切
周 密也从用口職留切
𠮁 古文周字从古文及
唐 大言也从口庚聲徒郎切
啺 古文唐从口昜
𠷎 誰也从口𠷎又聲𠷎古文疇直由切
嘾 含深也从口覃聲徒感切
噎 飯窒也从口壹聲烏結切

[illegible]

古文尚書驩兜二字
吺二字　壽録

嗢　咽也从口𥁕聲烏沒切
哯　不歐而吐也从口見聲胡典切
吐　寫也从口土聲他魯切
噦　气啎也从口歲聲於月切
咈　違也从口弗聲周書曰咈其耇長符弗切
嚘　語未定皃从口憂聲於求切
吃　言蹇難也从口气聲居乙切
嗜　嗜欲喜之也从口耆聲常利切
啖　噍啖也从口炎聲一曰噉徒敢切
哽　語為舌所介也从口更聲讀若井級綆古杏切
嘐　誇語也从口翏聲古肴切
啁　啁嘐也从口周聲陟交切
哇　諂聲也从口圭聲讀若醫於佳切
㖰　語相訶岠也从口岠辛辛惡聲也讀若櫱五葛切
吺　讘吺多言也从口投省聲當侯切
呧　苛也从口氐聲都禮切
呰　苛也从口此聲將此切
嗻　遮也从口庶聲之夜切
唊　妄語也从口夾聲讀若莢古叶切
嗑　多言也从口盍聲讀若甲候榼切
嗙　謌聲嗙喻也从口旁聲司馬相如說淮南宋蔡舞嗙喻也補盲切
噧　高气多言也从口蠆省聲春秋傳曰噧言訶介切
叴　高气也从口九聲臨淮有叴猶縣巨鳩切
嘮　嘮呶讙也从口勞聲敕交切
呶　讙聲也从口奴聲詩曰載號載呶女交切
叱　訶也从口七聲昌栗切
噴　吒也从口賁聲一曰鼓鼻普魂切
吒　噴也叱怒也从口乇聲陟駕切
噊　危也从口矞聲余律切
啐　驚也从口卒聲七外切
唇　驚也从口辰聲側鄰切
吁　驚也从口于聲況于切
嘵　懼也从口堯聲詩曰唯予音之嘵嘵許么切
嘖　大呼也从口責聲士革切
讀　嘖或从言
嗷　眾口愁也从口敖聲詩曰哀鳴嗷嗷五牢切
唸　吚也从口念聲詩曰民之方唸吚都見切
吚　唸吚呻也从口尸聲馨伊切
嚴　呻也从口嚴聲五銜切
呻　吟也从口申聲失人切
吟　呻也从口今聲魚音切
㕤　吟或从音
訡　或从言
嗞　嗟也从口茲聲子之切
哤　哤異之言从口尨聲一曰雜語讀若尨莫江切
叫　嘑也从口丩聲古弔切
嘅　嘆也从口既聲詩曰嘅其嘆矣苦蓋切
唌　語唌嘆也从口延聲夕連切
嘆　吞歎也从口歎省聲一曰太息也他案切
喝　㵣也从口曷聲於介切
哨　不容也从口肖聲才肖切
吪　動也从口化聲詩曰尚寐無吪五禾切
噆　嗛也从口朁聲子荅切
吝　恨惜也从口文聲易曰以往吝臣鉉等曰今俗別作悋非是良刃切
𠩄　古文吝从彣
各　異辭也从口夂夂者有行而止之不相聽也古洛切
否　不也从口从不方九切
唁　弔生也从口言聲詩曰歸唁衛侯魚變切
哀　閔也从口衣聲烏開切
嗁　號也从口虒聲杜兮切
㱿　歐皃从口𣪊聲春秋傳曰君將㱿之許角切
咼　口戾不正也从口冎聲苦媧切
㖃　嗼也从口叔聲前歷切
嗼　㖃嗼也从口莫聲莫各切
𠯑　塞口也从口氒省聲氒音厥古活切
𠯑　古文从甘
嗾　使犬聲从口族聲春秋傳曰公嗾夫獒穌奏切
吠　犬鳴也从犬口符廢切
咆　嗥也从口包聲薄交切
嗥　咆也从口皋聲乎刀切
獋

[illegible]

文一百八十　重二十一

文十　新附

凵　張口也。象形。凡凵之屬皆从凵。口犯切　文一

吅　驚嘑也。从二口。凡吅之屬皆从吅。讀若讙。[illegible]

[illegible]

文六　重二

哭　哀聲也。从吅，獄省聲。凡哭之屬皆从哭。[illegible]

喪　[illegible]　文二

走　趨也。从夭止。夭止者，屈也。凡走之屬皆从走。[illegible]

从走夋聲七倫切 趚 側行也从走朿聲詩曰謂地蓋厚不敢不趚 資昔切 趌 半步也从走圭聲讀若跬同 丘弭切 䟏 輕薄也从走虒聲讀若池 直离切 䞖 僵也从走音聲讀若匐 朋北切 𧾣 距也从走厈省聲漢令曰𧾣張百人 車者切 趯 動也从走樂聲讀若春秋傳曰輔趯 郎擊切 趡 動也从走隹聲春秋傳曰盟于趡趡地名 千水切 𧻘 趨田易居也从走亘聲 羽元切 䞣 走頓也从走眞聲讀若顚 都年切 𧼴 喪辟𧼴从走甬聲 余隴切 𧾔 止行也一曰竈上祭名从走畢聲 卑吉切 𧾒 進也从走斬聲 藏監切 𧻚 趧婁四夷之舞各自有曲从走是聲 都兮切 𧼼 雀行也从走兆聲 徒遼切 赶 舉尾走也从走干聲 巨言切

文八十五 重一

止 下基也象艸木出有址故以止爲足凡止之屬皆从止 諸市切

歱 跟也从止重聲 之隴切 𣥠 歫也从止尚聲 丑庚切 峙 踞也从止寺聲 直离切 歫 止也从止巨聲一曰槍也一曰超歫 其呂切 歬 不行而進謂之歬从止在舟上 昨先切 歷 過也从止厤聲 郎擊切 𣦻 至也从止叔聲 昌六切 𣦟 人不能行也从止辟聲 必益切 歸 女嫁也从止从婦省𠂤聲 舉韋切 𠺮 籒文省 疌 疾也从止从又又手也屮聲 疾葉切 疌 機下足所履者从止从又入聲 尼輒切 𣥂 蹈也从反止讀若撻 他達切 歰 不滑也从四止 色立切

文十四 重一

癶 足剌癶也从止㞢凡癶之屬皆从癶讀若撥 北末切

登 上車也从癶豆象登車形 都滕切 𤼷 籒文登从収 𤼵 以足蹋夷艸从癶从殳春秋傳曰𤼵夷蘊崇之 普活切

文三 重一

步 行也从止少相背凡步之屬皆从步 薄故切

歲 木星也越歷二十八宿宣徧陰陽十二月一次从步戌聲律歷書名五星爲五步 相銳切

文二

此 止也从止从匕匕相比次也凡此之屬皆从此 雌氏切

啙 窳也闕 將此切 𦍧 識也从此束聲一曰藏也 遵誄切

文三

些 語辭也見楚辭从此从二其義未詳 蘇箇切

文一 新附

說文解字弟二上

說文解字第二下　漢太尉祭酒許慎記

銀青光祿大夫守右散騎常侍上柱國東海縣開國子食邑五百戶臣徐鉉等奉

敕校定

正 是也从止一以止凡正之屬皆从正 徐鍇曰守一以止也之盛切

𤴓 古文正从二二古上字 ⿺辶一 古文正从一足足者亦止也 乏 春秋傳曰反正為乏房法切 文二　重二

是 直也从日正凡是之屬皆从是 承旨切

𣆪 籀文是从古文正 韙 是也从是韋聲春秋傳曰犯五不韙于鬼切

愇 籀文韙从心 尟 是少也尟俱存也从是少賈侍中說酥典切 文三　重二

辵 乍行乍止也从彳从止凡辵之屬皆从辵讀若春秋公羊傳曰辵階而走 丑略切

迹 步處也从辵亦聲資昔切 蹟 或从足責 ⿺辶朿 籀文迹从朿 ⿺辶㚔 無違也从辵㚔聲讀若害胡蓋切 ⿺辶率 先道

也从辵率聲疏密切 邁 遠行也从辵蠆省聲莫話切 ⿺辶蠆 邁或不省 巡 延行皃从辵川聲詳遵切 ⿺辶㲋 恭謹行也从辵㲋聲

讀若九居又切 ⿺辶土 步行也从辵土聲同都切 ⿺辶䌛 行䌛徑也从辵䌛聲以周切 ⿺辶正 正行也从辵正聲諸盈切 征 ⿺辶正或从彳

隨 从也从辵省聲旬為切 ⿺辶巿 行皃从辵巿聲蒲撥切 迋 往也从辵王聲春秋傳曰子無我迋于放切 逝 往也

从辵折聲讀若誓時制切 ⿺辶且 往也从辵且聲⿺辶且齊語全徒切 徂 ⿺辶且或从彳 ⿺辶虘 籀文从虘 述 循也从辵术聲食聿切

⿺辶秫 籀文述从秫 遵 循也从辵尊聲將倫切 適 之也从辵啻聲適宋魯語施隻切 過 度也从辵咼聲古禾切 遦

習也从辵貫聲工患切 ⿺辶賣 媟⿺辶賣也从辵賣聲徒谷切 進 登也从辵閵省聲即刃切 造 就也从辵告聲譚長說造上士也七到切 艁

古文造从舟 逾 ⿺辶戉進也从辵俞聲周書曰無敢昬逾羊朱切 遝 迨也从辵眔聲徒合切 迨 遝也从辵合聲侯閤切 迮

迮迮起也从辵作省聲阻革切 逪 迹逪也从辵昔聲倉各切 遄 往來數也从辵耑聲易曰巳事遄往市緣切 速 疾也从辵束聲桑谷切

遬 籀文从敕 ⿱敕言 古文从敕从言 迅 疾也从辵卂聲息進切 适 疾也从辵𠯑聲讀與括同古活切 逆 迎也从辵

屰聲關東曰逆關西曰迎宜戟切迎逢也从辵卬聲語京切〓會也从辵交聲古肴切遇逢也从辵禺聲牛具切遭
遇也从辵曹聲一曰邐行作曹切遘遇也从辵冓聲古候切逢遇也从辵峯省聲符容切遻相遇驚也从辵从咢咢亦聲五各切迪
道也从辵由聲徒歷切遞更易也从辵虒聲特計切通達也从辵甬聲他紅切辿迻也从辵止聲斯氏切徙辿或从彳
〓古文徙迻遷徙也从辵多聲弋支切遷登也从辵䙴聲七然切拪古文遷从手西運迻徙也从辵軍聲王問切
遁遷也一曰逃也从辵盾聲徒困切遜遁也从辵孫聲蘇困切返還也从辵从反反亦聲商書曰祖甲返扶版切〓春秋傳返
从彳還復也从辵瞏聲戶關切選遣也从辵巽巽遣之巽亦聲一曰選擇也思沇切送遣也从辵倂省蘇弄切〓
籀文不省遣縱也从辵𠳋聲去衍切邐行邐邐也从辵麗聲力紙切逮唐逮及也从辵隶聲臣鉉等曰或作迨徒耐切遲
徐行也从辵犀聲詩曰行道遲遲直尼切迡遲或从𡰥遟籀文遲从屖邌徐也从辵黎聲郎奚切遰去也从辵帶聲徒
計切〓行皃从辵肙聲烏玄切〓不行也从辵䜌聲讀若住中句切逗止也从辵豆聲田候切迟曲行也从辵只聲綺戟切
逶逶迤衺去之皃从辵委聲於爲切蟡或从虫爲迤衺行也从辵也聲夏書曰東迆北會于匯移尒切遹回避也从辵矞聲余律切

避回也从辵辟聲毗義切違離也从辵韋聲羽非切遴行難也从辵粦聲易曰以往遴良刃切僯或从人逡
復也从辵夋聲七倫切𨑹怒不進也从辵氐聲都礼切達行不相遇也从辵羍聲詩曰挑兮達兮徒葛切达達或从大或曰迭逯
行謹逯逯也从辵彔聲盧谷切迵迵迭也从辵同聲徒弄切迭更迭也从辵失聲一曰达徒結切迷或也从辵米聲莫兮切連員連
也从辵从車力延切逑斂聚也从辵求聲虞書曰旁逑孱功又曰怨匹曰逑巨鳩切〓數也从辵貝聲周書曰我興受其退薄邁切
逭逃也从辵官聲胡玩切〓逭或从雚从兆遯逃也从辵从豚徒困切逋亡也从辵甫聲博孤切〓籀文逋从
捕遺亡也从辵貴聲以追切遂亡也从辵㒸聲徐醉切〓古文遂逃亡也从辵兆聲徒刀切追逐也
从辵𠂤聲陟隹切逐追也从辵从豚省徐鍇曰豚走而豕追之會意直六切逎迫也从辵酉聲字秋切遒逎或从酋近
附也从辵斤聲渠遴切㞱古文近邋搚也从辵巤聲良涉切迫近也从辵白聲博陌切〓近也从辵臸聲人質切
邇近也从辵爾聲兒氏切迩古文邇遏微止也从辵曷聲讀若桑蟲之蝎烏割切遮遏也从辵庶聲止車切遾
遮遾也从辵羨聲于線切迣迾也晉趙曰迣从辵世聲讀若寘征例切迾遮也从辵列聲良辥切迀進也从辵干聲讀若干古寒切

[illegible]

⿺辶侃 過也从辵侃聲去虔切
遱 連遱也从辵婁聲洛侯切
⿺辶巿 前頡也从辵市聲賈侍中說一讀若拾又若郅北末切
迦 迦互令不得行也从辵枷聲徐鍇曰迦互猶犬牙左右相制也古牙切
⿺辶戉 踰也从辵戉聲易曰雜而不越王伐切
逞 通也从辵呈聲楚謂疾行爲逞春秋傳曰何所不逞欲丑郢切
遼 遠也从辵尞聲洛蕭切
遠 遼也从辵袁聲雲阮切
𨘼 古文遠
逖 遠也从辵狄聲他歷切
逷 古文逖
迥 遠也从辵冋聲戶穎切
逴 遠也从辵卓聲一曰蹇也讀若棹苕之棹臣鉉等案棹若今無此語未詳敕角切
迂 避也从辵于聲憶俱切
⿺辶𦘒 目進極也从辵𦘒聲子僊切
邍 高平之野人所登从辵备彔闕愚袁切
道 所行道也从辵从首一達謂之道徒皓切
𨗜 古文道从首寸
遽 傳也一曰窘也从辵豦聲其倨切
迒 獸迹也从辵亢聲胡郎切
䟘 迒或从足从更
⿺辶弔 至也从辵弔聲都歷切
邊 行垂崖也从辵臱聲布賢切

文一百一十八　重三十一

邂 邂逅不期而遇也从辵解聲胡懈切
逅 邂逅也从辵后聲胡遘切
遑 急也从辵皇聲或从彳胡光切
逼 近也从辵畐聲彼力切
邈 遠也从辵貌聲莫角切
遐 遠也从辵叚聲臣鉉等曰或通用假字胡加切
迄 至也从辵气聲許訖切
迸 散走也从辵并聲北諍切
透 跳也過也从辵秀聲他候切
邏 巡也从辵羅聲郎左切
迢 迢遰也从辵召聲徒聊切
逍 逍遙猶翱翔也从辵肖聲臣鉉等案詩只用消搖此二字字林所加相邀切
遙 逍遙也又遠也从辵䍃聲余招切

文十三　新附

彳 小步也象人脛三屬相連也凡彳之屬皆从彳　丑亦切
德 升也从彳㥁聲多則切
徑 步道也从彳巠聲徐鍇曰道不容車故曰步道居正切
復 往來也从彳复聲房六切
𢓜 復也从彳从柔柔亦聲人九切
徎 徑行也从彳呈聲丑郢切
往 之也从彳𡉚聲于兩切
𨓈 古文从辵
忂 行皃从彳瞿聲其俱切
彼 往有所加也从彳皮聲補委切
徼 循也从彳敫聲古堯切
循 行順也从彳盾聲詳遵切
彶 急行也从彳及聲居立切
⿰彳歰 行皃从彳歰聲一曰此與馺同蘇合切
微 隱行也从彳𢼸聲春秋傳曰白公其徒微之無非切
徥 徥徥行皃从彳是聲爾雅曰徥則也是支切
徐 安行也从彳余聲似魚切
𢓴 行平易也从彳夷聲以脂切
㣍 使也从彳甹聲普丁切
⿰彳夆 使也从彳夆聲讀若螽𧕋容切
⿰彳戔 迹也从彳戔聲慈衍切
⿰彳氣 附行也从彳氣聲蒲浪切
徯 待也从彳奚聲胡計切
蹊 徯或从足
待 竢也从彳寺聲徒在切
⿰彳由 行⿰彳由⿰彳由也从彳由聲徒歷切
徧 帀也从彳扁聲比薦切
⿰彳叚 至也从彳叚聲

無齒也从齒軍聲魚吻切
齾缺齒也从齒獻聲五鎋切
⿰齒巨齗腫也从齒巨聲區主切
齯老人齒从齒兒聲五雞切
齮齧也从齒奇聲魚綺切
⿰齒出齚齒也从齒出聲仕乙切
齰齧也从齒昔聲側革切
齚齰或从乍
⿰齒咸齧也从齒咸聲工咸切
齦齧也从齒皀聲康很切
⿰齒干齒見皃从齒干聲五版切
⿰齒卒齰齚也从齒卒聲昨沒切
⿰齒列齒分骨聲从齒列聲讀若剌盧達切
齩齧骨也从齒交聲五巧切
⿰齒屑齒差也从齒屑聲讀若切千結切
⿰齒吉齒堅聲从齒吉聲赫鎋切
⿰齒豈齧牙也从齒豈聲五來切
齝吐而噍也从齒台聲爾雅曰牛曰齝丑之切
齕齧也从齒气聲戶骨切
⿰齒聯齒見皃从齒聯聲力延切
齧噬也从齒㓞聲五結切
齭齒傷酢也从齒所聲讀若楚創舉切
齨老人齒如臼也一曰馬八歲齒臼也从齒从臼臼亦聲其久切
齬齒不相值也从齒吾聲魚舉切
齛羊粻也从齒世聲私列切
齸鹿麋粻从齒益聲伊昔切
⿰齒至齒堅也从齒至聲陟栗切
⿰齒骨齧骨聲从齒从骨骨亦聲戶八切
⿰齒昏噍聲从齒昏聲古活切
⿰齒尃噍堅也从齒博省聲補莫切

文四十四　重二

齡年也从齒令聲臣鉉等案禮記夢帝與我九齡疑通用靈武王初聞九齡之語不達其義乃云西方有九國若當時有此齡字則武王豈不達也其蓋後人所加郎丁切

文一　新附

牙牡齒也象上下相錯之形凡牙之屬皆从牙五加切
𤘗古文牙
⿰牙奇武牙也从牙从奇奇亦聲去奇切
⿰牙禹齒蠹也从牙禹聲區禹切
齲⿰牙禹或从齒

文三　重二

足人之足也在下从止口凡足之屬皆从足徐鍇曰口象股脛之形即玉切
蹏足也从足虒聲杜兮切
跟足踵也从足皀聲古痕切
⿰止艮跟或从止
踝足踝也从足果聲胡瓦切
跖足下也从足石聲之石切
踦一足也从足奇聲去奇切
跪拜也从足危聲去委切
跽長跪也从足忌聲渠几切
踧行平易也从足叔聲詩云踧踧周道子六切
躣行皃从足瞿聲其俱切
踖長脛行也从足昔聲一曰踧踖資昔切
踽疏行皃从足禹聲詩曰獨行踽踽區主切
蹡行皃从足將聲詩曰管磬蹡蹡七羊切
躖踐處也从足斷省聲徒管切
⿰足卜趣越皃从足卜聲芳遇切
踰越也从足俞聲羊朱切
⿰足戉輕也从足戉聲王伐切
蹻舉足行高也从足喬聲詩曰小子蹻蹻居勺切
跾疾也長也从足攸聲式竹切
蹌動也从足倉聲七羊切
踊跳也从足甬聲余隴切
躋登也从足齊聲商書曰予顛躋祖雞切
躍迅也从足翟聲以灼切
跧蹴也

[illegible]

文三　重[illegible]

[illegible]

文[illegible]

[illegible]

文十四　重三

[illegible]

一曰卑也絭也从足全聲莊緣切 蹴 躡也从足就聲七宿切 躡 蹈也从足聶聲尼輒切 跨 渡也从足夸聲苦化切 蹋 踐也从足
昜聲徒闔切 踄 蹈也从足步聲旁各切又音步 蹈 踐也从足舀聲徒到切 躔 踐也从足廛聲直連切 踐 履也从足戔聲
在演切 踵 追也从足重聲一曰往來皃之隴切 踔 踶也从足卓聲知教切 蹛 踶也从足帶聲當蓋切 蹩 踶也从足敝聲一曰
跛也蒲結切 踶 躗也从足是聲特計切 躗 衞也从足衞聲于歲切 䠟 䠟足也从足執聲徒叶切 𧿹 尌也从足氏聲承旨
切 蹢 住足也从足適省聲或曰蹢躅賈侍中說足垢也直隻切 躅 蹢躅也从足蜀聲直錄切 踤 觸也从足卒聲一曰駿也一曰蒼踤昨
律切 蹶 僵也从足厥聲一曰跳也亦讀若橜居月切 𨇶 蹶或从闕 跳 蹶也从足兆聲一曰躍也徒遼切 𨀕 動也从足辰聲
之人切 𨇜 峙𨇜不前也从足屠聲直魚切 𧿳 跳也从足弗聲敷勿切 蹠 楚人謂跳躍曰蹠从足庶聲之石切 踏 跛也从足
沓聲他合切 䠛 跳也从足䍃聲余招切 趿 進足有所擷取也从足及聲爾雅曰趿謂之擷穌合切 䟺 步行獵跋也从足貝聲博
蓋切 躓 跲也从足質聲詩曰載躓其尾陟利切 跲 躓也从足合聲居怯切 跇 述也从足世聲丑例切 蹎 跋也从足眞聲都年
切 跋 蹎跋也从足犮聲北末切 蹐 小步也从足脊聲詩曰不敢不蹐資昔切 跌 踢也从足失聲一曰越也徒結切 踼 跌踼也从

足易聲一曰搶也徒郎切 蹲 踞也从足尊聲徂尊切 踞 蹲也从足居聲居御切 跨 踞也从足夸聲苦化切 躩 足躩
如也从足矍聲丘縛切 踣 僵也从足音聲春秋傳曰晉人踣之蒲北切 跛 行不正也从足皮聲一曰足排之讀若彼布火切 蹇 跛也从足
寒省聲臣鉉等案易王臣蹇蹇今俗作蹇非九輦切 蹁 足不正也从足扁聲一曰拖後足馬讀若萃或曰徧部田切 跭 胻肉也一曰曲脛也
从足夅聲讀若逵渠追切 踒 足跌也从足委聲烏過切 跣 足親地也从足先聲穌典切 跔 天寒足跔也从足句聲其俱切 䠅 瘃足
也从足困聲苦本切 距 雞距也从足巨聲其呂切 躧 舞履也从足麗聲所綺切 𩏝 躧或从革 𨃰 足所履也从足叚聲乎加切
䠊 跀也从足非聲讀若匪扶味切 跀 斷足也从足月聲魚厥切 𧿒 跀或从兀 趽 曲脛馬也从足方聲讀與彭同薄庚切
趹 馬行皃从足決省聲古穴切 趼 獸足企也从足幵聲五甸切 路 道也从足从各臣鉉等曰言道路人各有適也洛故切
蹸 轢也从足粦聲良忍切 跂 足多指也从足支聲巨支切

文八十五　重四

蹮 蹁蹮旋行从足䙴聲穌前切 蹭 蹭蹬失道也从足曾聲七鄧切 蹬 蹭蹬也从足登聲徒亘切 蹉 蹉跎失時也从足差
聲臣鉉等案經史通用差池此亦後人所加七何切 跎 蹉跎也从足它聲徒何切 蹙 迫也从足戚聲臣鉉等案李善文選注通

[illegible]

蹴字子六切

踸 踸踔行無常皃从足甚聲丑甚切

文七 新附

疋 足也上象腓腸下从止弟子職曰問疋何止

古文以爲詩大疋字亦以爲足字或曰胥字

一曰疋記也凡疋之屬皆从疋 所菹切

𤴔 門戶疏窻也从疋疋亦聲囪象𤴔形讀若疏所菹切

䟽 通也从爻从疋疋亦聲所菹切

文三

品 衆庶也从三口凡品之屬皆从品 丕飲切

喦 多言也从品相連春秋傳曰次于喦北讀與聶同尼輒切

喿 鳥羣鳴也从品在木上穌到切

文三

龠 樂之竹管三孔以和衆聲也从品侖侖理也凡

龠之屬皆从龠 以灼切

龡 籥音律管壎之樂也从龠炊聲昌垂切

䶵 管樂也从龠虒聲直离切

篪 䶵或从竹

龢 調也从龠禾聲讀與和同戶戈切

龤 樂和龤也从龠皆聲虞書曰八音克龤戶皆切

文五 重一

冊 符命也諸侯進受於王也象其札一長一短

中有二編之形凡冊之屬皆从冊 楚革切

笧 古文冊从竹

嗣 諸侯嗣國也从冊从口司聲徐鍇曰冊必於廟史讀其冊故从口祥吏切

孠 古文嗣从子

扁 署也从戶冊戶冊者署門戶之文也方沔切

文三 重二

說文解字弟二下